당신을 위한
'짧은 시'
모음집

시는 마음을 담아내고 어루만져 줍니다.
시를 읽으며 문득 떠오른 그날의 기억과 감정,
지금 이 순간의 생각이나 느낌을
나의 언어로 채워 보세요.
한 권의 나만의 시집이 완성됩니다.

시 쓰기 좋은 날입니다.

마음이 끌리는 곳을 펼쳐
시 한 편 써 볼까요?

시를 읽고
시로 채우는
나만의 시집

용혜원 시집

그리고

------------------------ 시집

금성출판사

차례

Part 1 사랑,
　　　　고백 9

Part 2 그리움,
　　　　보고픔 59

Part 3 외로움,
　　　　고독 99

Part 4 삶,
　　　　인생 137

Part 5 사람,
　　　　인간관계 205

Part 1

사랑,
고백

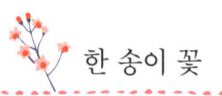# 한 송이 꽃

사랑하는 사람은
내 마음에 핀
한 송이 꽃이다

*여기에 당신의 시를 써 보세요.

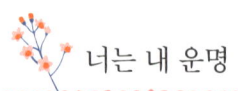 너는 내 운명

내 눈이
당신을 보자마자
내 사랑인 줄 알았다

 사랑의 시작

내 생각 속에
당신이 찾아와
사랑이 시작되었다

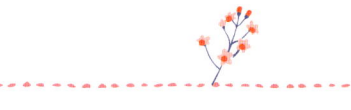

 꽃피는 봄밤

꽃피는 봄밤
내 사랑도 꽃피는
봄밤이 되고 싶다

 콩닥콩닥

너의 소식만 들어도
혹시 올까
가슴이 콩닥거린다

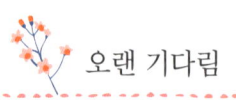 오랜 기다림

당신을 만나려고
오늘까지
살아왔다

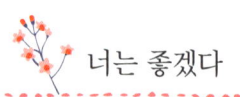 너는 좋겠다

사랑을 만났으니
사랑하고 있으니
너는 좋겠다

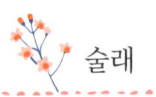 술래

사랑을 만나기 위해
나는 너를 찾는
술래가 되었다

 눈병

눈병 몹시 걸렸나
세상 돌아보아도
너만 보인다

 눈썰미

내 사랑을
만난 걸 보면
내가 눈썰미가 아주 좋다

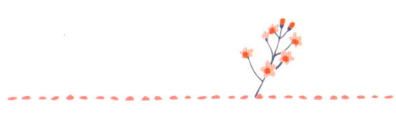

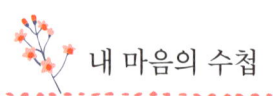 내 마음의 수첩

내 마음의 수첩에
너의 이름
적어 놓았다

햇살

하늘에서 내린 햇살
빈 의자 위에서
따뜻하게 잠들었다

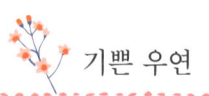 기쁜 우연

정거장에
서 있을 때
네가 내렸으면 좋겠다

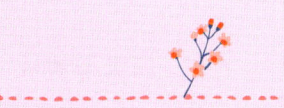

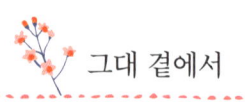 그대 곁에서

아무 걱정하지 마라
내가 곁에서
항상 지켜 주겠다

 수줍은 고백

사랑하는 너를
그립다
말해도 될까

 단둘이서

눈 쌓인 길을
발목이 빠지도록
너와 함께 걷고 싶다

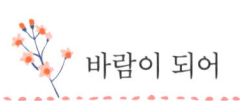 바람이 되어

바람이 불 때
바람 따라
너에게로 가고 싶다

 기억할께

사랑하기에
뒷모습도
마음에 담는다

 알면서도

이별을 알면서도
네가 좋아
사랑하였다

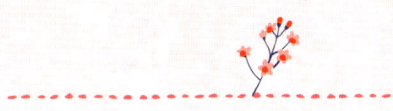

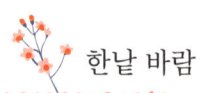
한낱 바람

사랑인 줄 알았는데
불어왔다 떠나는
바람이었다

 너와 나

우리 서로 달라
하나 되지 못한
아쉬움이 남는다

 이끼라도

떠날 수가 없어서
이끼라도 되어
남아 있고 싶었다

 후회

너를 보내 놓고
후회했다
사랑하고 있었다

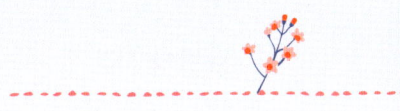

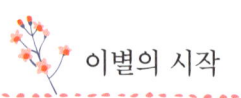 이별의 시작

싸늘한 눈빛으로
돌아서던 날
이별이 시작되었다

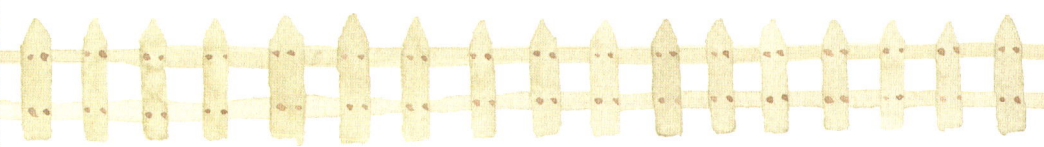

 후회

떠나고 나면
좀 더 잘할 걸
울음이 쏟아진다

Part 2

그리움,
보고픔

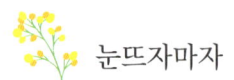 눈뜨자마자

오늘은
눈뜨자마자
네가 보고 싶다

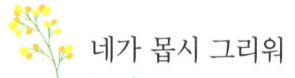 네가 몹시 그리워

보고픔이 사무친 날은
세상 끝까지 달려가
만나고 싶다

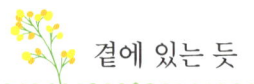 곁에 있는 듯

너를 볼 수 없을 때
너를 안은 듯
허공을 안았다

 추억 책

먼 그리움이
가슴에 찾아와
다시 읽고 있다

그리움 조각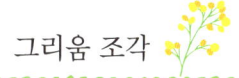

그리움을
만지작거리니
보고 싶다

 당신앓이

너를 보고 나서
다시 보고 싶어
몸살이 났다

 가끔 문득

너하고 있던 날
가끔가끔
그리워진다

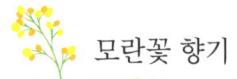 모란꽃 향기

모란꽃 향기가
퍼질 때면
그대 품이 그립다

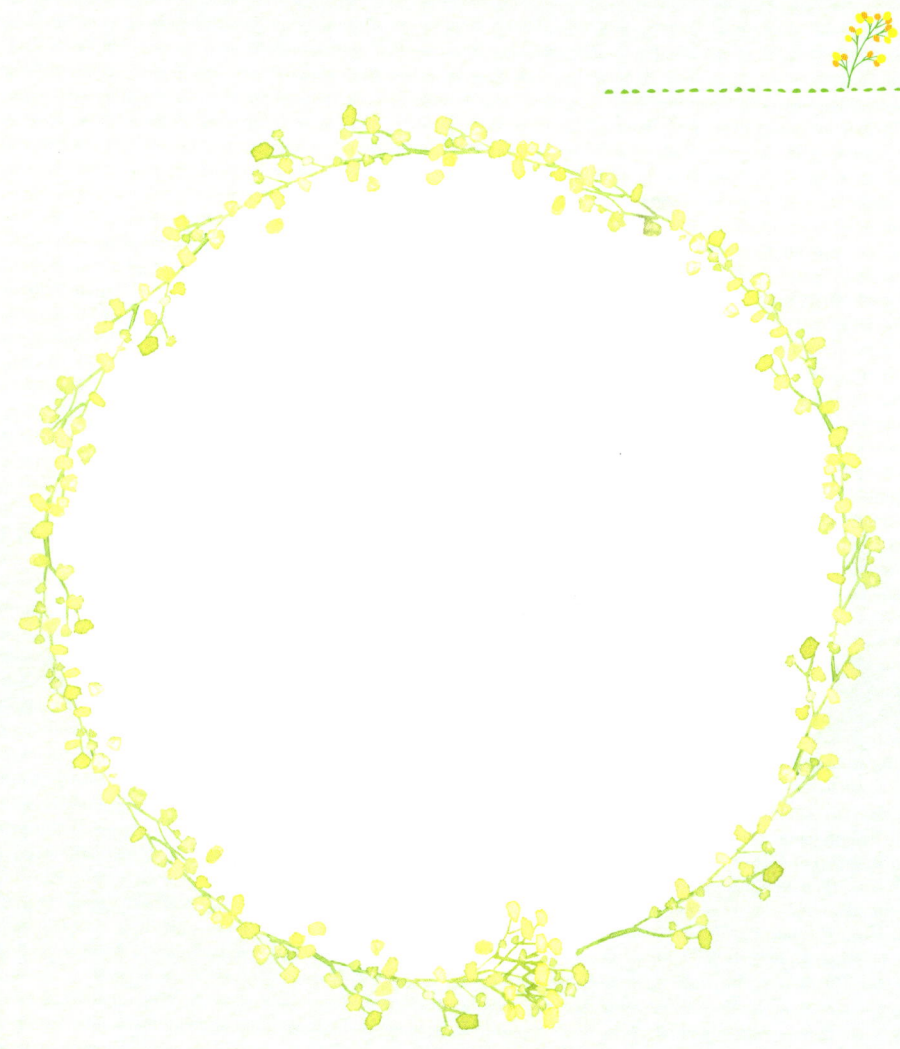

 이 밤

벚꽃 지는 밤
네가 그리워
잠들 수가 없다

 가을날

코스모스 피어난
언덕길에서
너 만나면 좋겠다

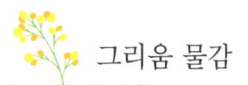 그리움 물감

오늘은
그리움이란 물감으로
당신을 그린다

 날밤

어느 날 밤
그리움 몇 장 그리다
날밤을 새웠다

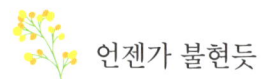 언젠가 불현듯

세월의 모퉁이 돌아
너를 만나면
얼마나 좋을까

 안부

몹시 궁금하니
소식 한 아름 안고
달려오세요

 가지 마

떠나는 발소리
멀어질수록
그리움이 가까이 온다

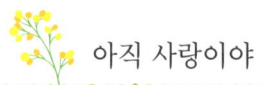 아직 사랑이야

너를 잊고
지운 줄 알았는데
다시 그리움으로 다가온다

 속수무책

떠나간 사람을
잊을 수가 없는데
아무 대책이 없다

 떠난 후

떠난 후 오랫동안
곁에 있는 듯
잊지 못하였다

 바람

이리 살다가
어쩌다 한번
우연히 만나고 싶다

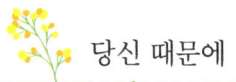 당신 때문에

오랜 후에 생각해도
당신이 있어서
행복했다

Part 3

외로움,
고독

 식은 커피

뜨거운 커피 한잔
혼자 두었더니
외로움에 식어버렸다

 섬

세상이란
외로운 바다에
내가 섬이 되었다

 잠시라도

누가 잠시라도
빈 그네와 친구가
되어 주오

 따듯한 말

외로울 때는
'함께'라는 말이
참 따뜻하다

 한밤중

한밤중
커피 한잔
커피가 더 검다

고독의 색깔

깊고 깊은 밤
달빛이 들어오니
고독의 색깔이 짙다

세상의 온도

외로울수록
세상이
더 차갑다

 텅 빈 마음

내 마음에
아무도 없고
텅텅 비었다

고독한 시간

관심이 떠나고
쓸쓸함 가득한
고독한 시간이 남았다

 외딴섬

네가 내 마음의
외딴섬 되었을 때
나는 외로웠다

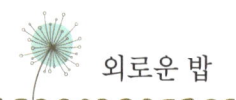 외로운 밥

홀로 하는 식사
수저에 밥보다
외로움이 더 많다

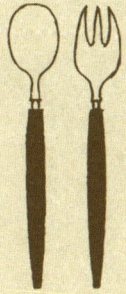

 지금 여기

단란했던
가족은 어디로 가고
홀로 남았을까

 외롭다

말할수록
더 고독한 말
외롭다

 버스 정류장

그날 혼자 서 있는
네가 외롭고
쓸쓸해 보였다

ABOUT

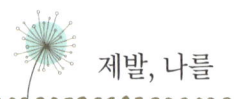 제발, 나를

쓸쓸하지 않게
고독하지 않게
나를 불러 주시오

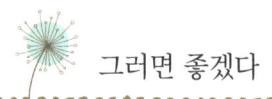

그러면 좋겠다

외로운 밤
그대가 곁에 있으면
참 좋겠다

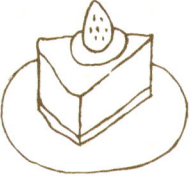

 별똥별

고독한 밤
별똥별 하나 떨어져
그리움이 되었다

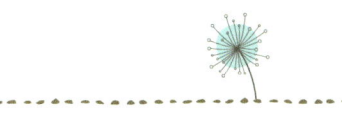

 마음의 고독

어느 날 고독이
말없이 걸어와
내 마음에 앉았다

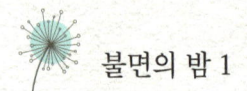 불면의 밤 1

새벽 네 시
잠과 씨름하다
밤이 가버렸다

불면의 밤 2

불면의 밤
어둠을 싹 잘라
던지고 싶다

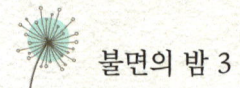 불면의 밤 3

잠만 빼고
온갖 생각이
다 찾아왔다

Part 4

삶,
인생

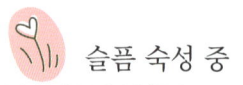 슬픔 숙성 중

슬픔도
잘 익으면
기쁨이 된다

 추억의 집

흘러간 지난날이
추억의 집을
만들어 놓았다

생각 하나

생각 하나
떠나지 않고
고민 끝에 매달렸다

 인생 흔적

벗어 놓은 양말에
발 걸어온 길
담겨 있다

 결박

불안이
나를 꽁꽁 묶고
놓아 주지 않았다

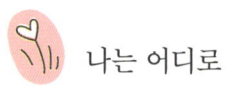 나는 어디로

내가 가야 할
모든 길이 막혀
막막하다

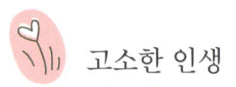 고소한 인생

참깨 볶을 때
향기 솔솔 나듯
고소하게 살고 싶다

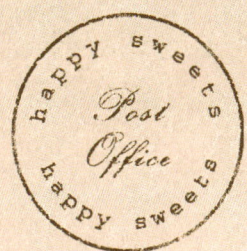

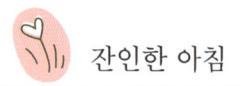 잔인한 아침

할 일도 없고
갈 곳도 없고
먹을 밥도 없다

빈털터리

나는 세상 속에
잎 떨어진
텅 빈 가지였다

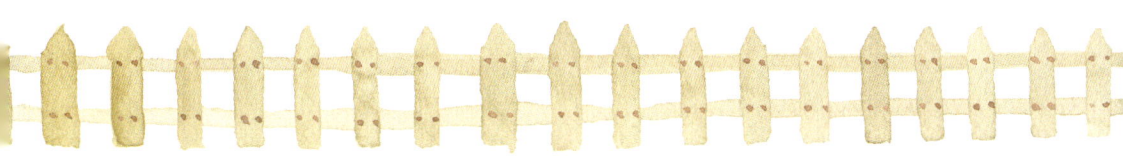

 가는 길

우리의 모든 길
오는 길이 아니라
가는 길이다

 퇴사

한가한데
좋기는커녕
서럽기만 하다

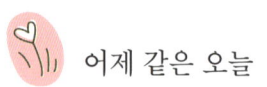 어제 같은 오늘

어제와 같이
아무 일도
일어나지 않았다

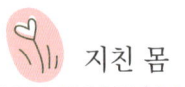 지친 몸

피곤에 지쳐
축 처진 내 몸이
풀 죽어 있다

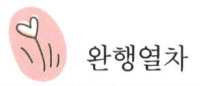 완행열차

느리게 간다
말하지 마라
끝까지 간다

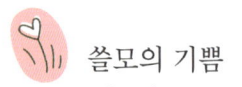 쓸모의 기쁨

누군가 필요해
날 부를 때
살맛이 난다

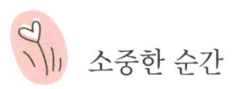 소중한 순간

온 가족 식탁에 앉아
저녁을 먹는
아름다운 시간

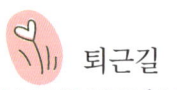 퇴근길

퇴근길 가족들이
좋아하는 것 사가는
재미가 솔솔 난다

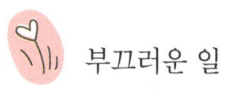 부끄러운 일

삶이 어딘가에
기록되어 있다면
지우고 싶은 것도 있다

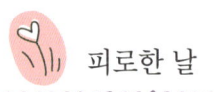 피로한 날

쉬고 싶어
나른하게 늘어지는
권태에 빠지고 싶다

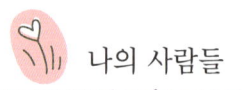 나의 사람들

내가 살아온 삶에
사랑한 사람들이
항상 있었다

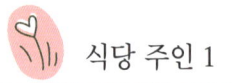 식당 주인 1

장사가 안되나
주인이 손님 의자에
앉아 있다

식당 주인 2

텅 빈 식당
창문에서 주인이
밖을 보고 서 있다

 내 꿈

잘 살려고 몸부림치다 보니
잊고 있는 게
내 꿈이다

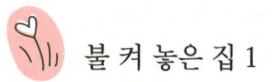 불 켜 놓은 집 1

누가 밤새도록
고독해
잠들지 못하나 보다

불 켜 놓은 집 2

누가 밤새도록
게임을
하나 보다

불 켜 놓은 집 3

누가 밤새도록
집에
안 돌아왔나 보다

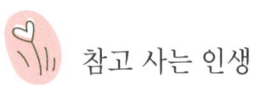 참고 사는 인생

묻지 마라
할 말도 못 하고
사는 인생이다

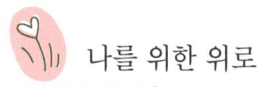 나를 위한 위로

걱정이 다가올 때
위로하며 하는 말
아무 일 없을 거야

 뻔하게

뻔한 삶
뻔히 알면서
뻔하게 끌려간다

 북어

형편없는 삶일 때
삶이 두들겨 맞은
북어 같았다

 웃자

세상은
네 표정대로
움직인다

 괜찮아

왠지 쓸쓸한 날은
인생 다 그런 거지 뭐
혼자 위로를 한다

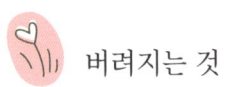 버려지는 것

버려지는 것도
한때는
소중한 것이었다

추억 더듬기

인생의 골목에 앉아
골목 구석구석 더듬으면
추억이 배어 있다

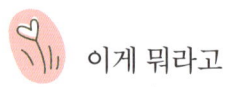 이게 뭐라고

구두끈 하나
풀렸는데
걸을 수가 없다

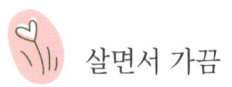 살면서 가끔

기쁜 눈물
울컥 쏟아지도록
좋은 일 있으면 좋겠다

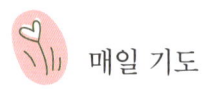 매일 기도

불행한 일 없이
고통스러운 일 없이
오늘도 안녕

Part 5

사람,
인간관계

 인간미

설령 그랬더라도
덮어 주는 것이
인간미다

 마음의 벽

태양이 떠도
벽을 만들면
그늘이 생긴다

 아픈 기억

상처는 아물어도
아픔의 기억은
쉽게 지워지지 않는다

 '나'라는 책

내가 꼭 읽어야 할
책은
바로 나다

 어쩌라고

두 눈으로
빤히 바라보며
말이 없다

 잘 지내요

인사하는 것은
내 마음을 열었다는
표현이다

 마음 세수

얼굴 씻으며
내 마음도 같이
날마다 씻고 싶다

 어려운 일

마음 하나
얻기가
가장 힘들다

 인간관계

인간관계는
정 붙이기
정 떼기의 연속이다

 덕분입니다

세상살이
살다 보니
빚지고 산다

 오늘도

아무 표정 없이
아무 느낌 없이
그냥 지나갔다

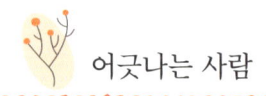 어긋나는 사람

인연이 없나 보다
늘 어긋나는
사람이 있다

 헐뜯는 사람

남의 일 샅샅이
물어뜯으면서
왜 그렇게 좋아할까

 방 구하기

'잠만 자실 분'
써 놓았다
심보가 참 고약하다

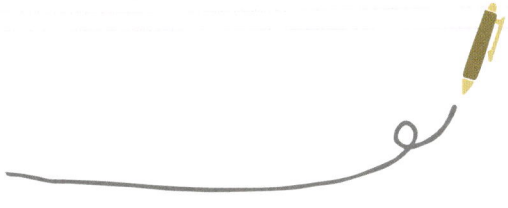

 지금 어디

나는 어느
행렬에 끼어
걸어가고 있을까

 속내

혼잣말 속에
진심이
쏟아져 내린다

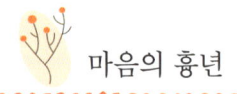 마음의 흉년

마음에 흉년이 들어
옹졸해져서
신경질을 내고 있다

 창문 하나

막힌 듯 갑갑할 때
마음에
창문 하나 만들자

 거짓 얼굴

내 마음은 쓸쓸한데
얼굴은 명랑하게
웃고 있다

 완전무결

완벽을
원할수록
흠집을 감춘다

 상처뿐

슬픔을 벗기면
기쁨인 줄 알았더니
상처뿐이다

 묻지 마라

힘들게 사는 사람들에게
이유를 묻지 마라
괴롭히는 것이다

 토닥토닥

제 설움을
어찌 할 수 없어
지금 누가 울고 있다

 난처한 일

최선을 다했는데
실속이 없으니
참 난처한 일이다

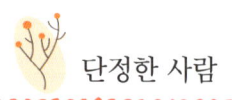 단정한 사람

단추만 잘 채워도
사람의 모습이
단정해 보인다

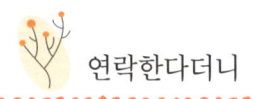 연락한다더니

떠나간 사람들
평생 살아도
소식 한번 없다

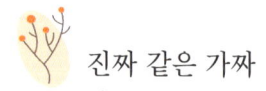 진짜 같은 가짜

가짜가 진짜처럼
행동하는 바람에
감쪽같이 속았다

 어깨 펴고

어떤 순간에도
겁내지 마라
다들 그렇게 산다

 실직 후

일터를 잃으니
집에 있는 시간이
바늘방석이다

 외면

눈빛이 마주칠 때
외면이 느껴지면
참 쓸쓸하다

 주먹

주먹 쥘 때 생각하라
성깔인가
다짐인가

 차가운 사람

싸늘한 눈빛
냉정한 손길에
심장조차 얼었다

 돈과 사람

돈 한 푼 없을 때
친한 친구도
만날 수 없었다

 자기반성

세상에 함부로
불평하지 마라
너는 무엇을 했는가

 사람멀미

세상 살다 보니
사람멀미에
현기증이 난다

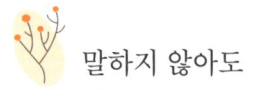 말하지 않아도

근심이 찾아오면
눈썹이 먼저 알고
찌푸리고 있다

 어떤 하루

어떤 하루
혼자서 말없이
하루를 보냈다

 비밀번호

무슨 비밀이
그리도 많은지
곳곳에 필요하다

 속상한 일

그냥 덮어 둬
모른 척해
세월이 지나면 알 거야

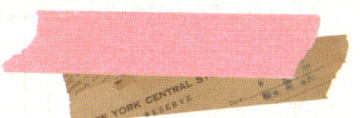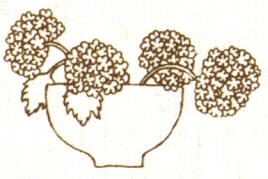

 외출

무슨 일 있을까
은근히
기대가 된다

 방문

아는 사람
누구든지 들리시오
반갑게 맞아 주겠소

일의 기쁨

피곤이 끈적끈적
달라붙어도
일하는 기쁨이 좋다

 위로

아픔에 젖은 눈을
보았을 때
꼭 껴안아 주고 싶었다

 가족사진

우리 집에
아무도 없어도
가족사진이 지켜보고 있다

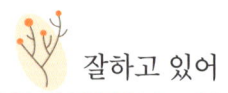 잘하고 있어

때로는 내가
나에게 잘했다고
격려해 주어도 좋다

 그대

늘 내 가슴에 살아 있어
생각만 해도
좋은 사람

곁에 두고 싶은 사람

한순간 뜨겁게
타는 사람보다
늘 따뜻한 사람이 좋다

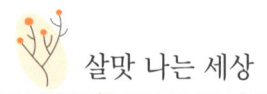 살맛 나는 세상

처음 만난 사람
친절이 너무 고마워
세상이 참 좋다

시를 읽고
시로 채우는
나만의 시집

초판 1쇄 발행 2025년 7월 21일

지은이 용혜원
펴낸이 김무상
펴낸곳 (주)금성출판사
출판등록 제1965-000003호(1965년 10월 19일)
주소 (04210) 서울시 마포구 만리재옛길 23
대표전화 080-969-1000
홈페이지 kumsung.co.kr (도서몰 mall.kumsung.co.kr)

편집·디자인 장미령
제작 박을준
마케팅 김용수
인쇄 아트프린팅(주)

ⓒ 용혜원, 2025

ISBN 978-89-07-91612-9 02800

- 책값은 뒤표지에 있습니다.
- 이 책은 저작권법에 의해 보호를 받는 저작물이므로 무단 전재와 복제를 금합니다.
- 이 책의 전부 또는 일부 내용을 재사용하려면 반드시 사전에 저작권자와 (주)금성출판사의 서면 동의를 받아야 합니다.